Mark Sarg

Der Papst als Rollmops

Mark Sarg

Der Papst als Rollmops

Bizarre Kurzgeschichten

Goldene Rakete Verlag für Belletristik

Imprint

Cover image: www.ingimage.com

Publisher:
Goldene Rakete Verlag für Belletristik
is a trademark of
International Book Market Service Ltd., member of OmniScriptum Publishing Group
17 Meldrum Street, Beau Bassin 71504, Mauritius

Printed at: see last page
ISBN: 978-620-2-44559-7

INHALTSVERZEICHNIS

DAS DÄMONISCHE GRINSEN

Das Grinsen von Pater Rabinowitsch Hinterfotz war so dämonisch, dass es die Gläubigen für tieffromme ***Andacht*** hielten und ihm „schwanzwedelnd“ in den Beichtstuhl nachliefen – aus dem es dann freilich kein Entrinnen mehr gab …

DES TEUFELS LIEBLINGSBUCH ODER

DER PAPST ALS LESEZEICHEN

Sooft der Teufel nachts seine Lieblingslektüre, die Bibel, andächtig zur Hand nimmt, dient ihm sein nunmehriger Stammgast Papst Schleifsack III. überaus willfährig als kompetentes „Lesezeichen".

Er bezieht einfach Platz auf den anregendsten Seiten, gibt fachkundige Erläuterungen und enthüllt dem gierig lauschenden Dienstherrn allerlei Anekdoten und pikante Details aus seiner heiligen Praxis.

So haben dann beide bis zum Morgengrauen ein wahrhaft ***höllisches*** Vergnügen!

DAS SCHWINDSÜCHTIGE GESCHÖPF

Ein schwindsüchtiges Geschöpf ließ sich zum Papste weihen – denn nur so vermeinte es, den Fängen Satans ein für alle Male zu entschwinden.

Wie können einem bloß ***derart*** die Sinne schwinden!

DAS SCHWEIGSAME GESCHÖPF

In Groll und Überdruss verabschiedete sich ein schweigsames Geschöpf von der Menschheit und siedelte ins Tierreich um.

Dort erwachte es dann sehr rasch wieder zu Jux und Tollerei – und seine vormalige Redseligkeit erblühte dazu im Nu!

„ENTFALTEN SIE SICH!“

„Entfalten Sie sich nur!“, ermunterte unermüdlich Lebenstrainer Bastianus Neunflieder den reichlich verkrusteten Hofrat Melchior Germteig – bis dieser ihm endlich nachgab.

Er entwickelte sich zu einem prachtvollen bunten Tagfalter – der noch heute aufgespießt in der Insektenabteilung des Naturkundlichen Museums zu bewundern ist!

„ENTFALTEN SIE SICH NICHT!“

„Entfalten Sie sich nicht, denn solches wird hier gar nicht gern gesehen!“, warnte ein Küster den jungen Lord Wexford Knallgott, der sich an einem heißen Sommertage in der kühlen Kathedrale von Mumpitz seiner Gewänder zu entledigen gedachte.

Er tat es dennoch – was aber auf Grund seines adretten Äußeren von allen Anwesenden sehr ***gerne*** gesehen wurde.

Doch statt dies zuzugeben – leitete man eilends seine Exkommunikation ein.

„ENTFALTEN SIE MICH!“

„Entfalten Sie mich doch!“ Kokett stellte sich Sir Madison Sintflut
Lady Blasinia Schwanstein in den Weg, während er einladend seinen Mantel öffnete. „Sie ***können*** mich mal!“, brummte sie indes nur.

Nachdem exakt dieses sein ***eigentliches*** Begehren war, folgte er der Einladung sogleich hochzufrieden.

„ENTFALTEN SIE MICH NICHT!“

„Entfalten Sie mich nicht, denn das erschiene mir denn doch ein wenig zügellos!“, verbat sich die gottesfürchtige Contessa Cornelia Flachzweig jeden derartigen Versuch ihres Gatten Rinaldo.

Und sie ***starb*** auch noch mit gefalteten Händen.

DIE BEFREIUNG VON DER WOLLUST

Die erzkatholische Mrs. Cordula Brownhirn schlug sich so lange energisch und unter Flüchen auf die Schenkel, bis sie weder diese noch ihre Hände mehr gebrauchen konnte.

Dann gab sie in der seligen Hoffnung den Geist auf, von jeglicher Wollust ein für alle Mal befreit zu sein!

DAS VERSCHWENDERISCHE GESCHÖPF

Ein Geschöpf war so verschwenderisch, dass es sich sogar ***selbst*** verschwendete:

Es ließ sich herab auf die Erde!

DAS MITTEILSAME GESCHÖPF

Ein mitteilsames Geschöpf verplapperte sich ständig, sodass man es nie so richtig ernst nahm oder verstand.

Verdrossen wechselte es schließlich zu den Menschen über – und hier bejubelte man es gleich als wissenschaftliche Kapazität von allerhöchstem Rang!

DAS FRAGWÜRDIGE GESCHÖPF

Ein fragwürdiges Geschöpf ließ sich zum Präsidenten der Republik ausrufen – und meinte glatt, es wäre damit nur noch ***würdig***!

„BENEHMEN SIE SICH!“

„Benehmen Sie sich, Durchlaucht, ***bitte*** – sonst holt Sie gar noch der Gevatter Tod!“, mahnte flehentlich mangels anderer Disziplinierungsmittel die bedauernswerte Gouvernante Fräulein Gloggina Knallhaupt den jungen Prinzen Torpedinio.

„Der holt mich doch sowieso irgendwann!“, dachte dieser, scheinbar pfiffig wie er war, und benahm sich daher munter und gründlich weiter daneben.

Als aber die Zeit dann wirklich reif war, wurde ihm drüben eine überaus ***saftige*** Rechnung präsentiert …

„BENEHMEN SIE SICH NICHT WIE EIN WICHT!“

„Benehmen Sie sich nicht wie ein Wicht!“ Die freundschaftliche Warnung seines engsten Vertrauten, des Teufels, vor zu viel Demut ließ sich Papst Nebelkropf der Große natürlich nicht zweimal sagen – und gebärdete sich forthin nur mehr so, wie er glaubte, dass ***Gott*** dies täte.

Was dann natürlich genau der Absicht seines Ratgebers entsprach …

DER JUNGE TEUFEL

Ein junger Teufel traf einen alten. Die beiden verstanden sich ***prächtig*** auf Anhieb – und wurden eins.

Seither ist der Teufel alterslos.

DAS GOLDOPFER

Der frisch geadelte Sir Dandy Streithahn trat vorzeitig in den Ruhestand, ließ sich vergolden und hängte sich dann im Altarraum des Doms zu Krautgurk auf.

Und wartet bis heute darauf, dass die Welt ein wenig besser wird deswegen.

DER PAPST ALS REGENSCHIRM

Drei Mal darf man raten, ***wessen*** Luzifer sich stets als Schutz bediente, wenn er bei strömendem Regen zum feierlichen Sonntagshochamt schritt.

Und drei Gründe waren es vornehmlich auch, die Seine Heiligkeit, Papst Rebensack völlig widerspruchslos und willfährig gehorchen ließen: Zum einen konnte er sich so natürlich ganz vorzüglich in Demut üben. Zum anderen ersparte er sich das lästige ***Bad*** unter den neugierigen Blicken im Vatikan.

Aber drittens und vor allem ***liebte*** und ***genoss*** er einfach die Nähe seines „Widersachers“!

DIE NETTE BOHNE

„Was für eine wirklich ***nette*** Bohne!
Gut, dass ich gleich neben ihr wohne!“

Und entzückt mengte Monsieur Spagat
die neue Nachbarin in seinen Salat.

DAS HANDFESTE GESCHÖPF

Ein handfestes Geschöpf fiel von der Brücke und ertrank.

Denn leider war es zwar auch durchaus trinkfest – mitnichten aber ***wasser***fest gewesen.

DAS VERSTEIGERTE GESCHÖPF

Ein ersteigertes Geschöpf blieb dennoch herrenlos zurück – weil sein stolzer Erwerber, Vicomte Gérard Himmelkind, aus lauter Gram und Reue über seinen Kauf schon bald darauf den Freitod wählte.

DIE SILBERHOCHZEIT

Unter reger Anteilnahme der katholischen Bevölkerung heiratete die versilberte Contessa Galina Gallrüssel eine Kirchenglocke.

Denn wozu ***sonst*** auch lässt man sich wohl versilbern!

DAS ACHTSAME GESCHÖPF

Um seinen makellosen Ruf nur ja nicht zu gefährden, verzichtete ein achtsames Geschöpf lieber dankend auf eine Menschwerdung.

Wenn es doch bloß ***mehr*** von dieser Sorte gäbe …

DAS UNACHTSAME GESCHÖPF

Beim Herumtollen in den Wolken fiel ein unachtsames Geschöpf hinab auf die Erde.

Doch anstatt aus seinem Leichtsinne zu lernen, ließ es sich hier sogleich als „Sendbote des Himmels“ zelebrieren – bis der auf seine Alleinherrschaft mit größter ***Achtsamkeit*** bedachte Papst Rübenkraut II. es kurzerhand verbrannte.

Seither spaziert es nun ein wenig gereifter und gemächlicher durch die Wolken.

DIE GNÄDIGE JUNGFRAU

Eine Jungfrau, die ganz und gar nicht Maria hieß,
verzieh der Welt gnädig, als sie diese verließ,
dass sie bis zuletzt eine solche ***geblieben*** war –
obwohl sie dies ***nie anstrebte***, mit keinem ***Haar***!

DIE UNGNÄDIGE JUNGFRAU

„Küss die Hand, gnädige ***Jung***frau!“, begrüßte wohlgelaunt Lord Fridolin Himbeerknödel die überreife Lady Samantha Reißstrumpf vor dem Sonntagshochamt.

Weil sie aber wirklich noch Jungfrau war und keineswegs wollte, dass man ihr dies anmerkt, knallte sie ihm höchst ungnädig eine.

Und da sich das Ganze im Beisein von Bischof Aloisius Hintertürl abspielte, ***exkommunizierte*** ihn dieser obendrein im Namen des Papstes wegen „Marienlästerung“.

So seltsam sind eben die Sitten auf Erden.

DAS VERERBTE GESCHÖPF

Ein vererbtes Geschöpf rächte sich für seine Lage bitterlich – indem es seine eigenen Nachkommen ***ent***erbte!

DAS ENTERBTE GESCHÖPF

Ein enterbtes Geschöpf streckte trotzig jedem auf der Straße sein Hinterteil entgegen.

Oder hoffte es vielleicht gar, auf diese Weise am ***raschesten*** wieder zu einem Erbe zu gelangen?

„GEISSELN SIE SICH!“

„Geißeln Sie sich nur ordentlich, desto früher gelangen Sie zu Gott!“, spornte der sadistische Prälat Fedorowitsch Stahlmuck den masochistischen Justizrat Germhirn Samtbauch regelmäßig im Beichtstuhl an.

Dort allerdings, wo er dann wirklich hingelangte, traf er statt Gott – seinen frommen Ratgeber wieder.

„GEISSELN SIE SICH NICHT!“

„Geißeln Sie sich nicht länger, meine Teuerste!“

Tief bewegt dankte Oberstudienrätin Glutine Puppenfratz ihrem Arzte Jeremias Leberfleck für seine trostreiche Ermunterung – und setzte ihrem Leben noch am selben Tage ein Ende.

„GEISSELN SIE MICH!“

„Geißeln Sie mich, denn ich habe es weiß Gott verdient!“, bettelte Graf Kicherlein Salzgurk auf allen vieren zu seiner strengen Gemahlin Basine.

Weil er es aber an jenem Tage ***wirklich*** verdient hatte, ignorierte sie zur Strafe sein Begehren und zog sich alleine in ihre Gemächer zurück.

„GEISSELN SIE MICH NICHT!“

„Geißeln Sie mich nicht, wir sind ***nicht*** miteinander verheiratet!“

Rasch ehelichte daraufhin Generaldirektor Ashton Pulverfass seine Sekretärin Luise Wanderpass – damit sie einander endlich nach ***Herzenslust*** geißeln konnten.

DAS VERDERBLICHE GESCHÖPF

Ein Geschöpf dachte mit frohem Sinn:
„Wenn ich schon mal verderblich bin,
dann koste ich dies gründlich vorher aus!“
Und es ***genoss*** sein Leben als Kirchenlaus.

DAS UNVERDERBLICHE GESCHÖPF

Ein unverderbliches Geschöpf ließ sich feierlich zum Papste küren.

Worauf ein Wunder geschah – und es in Windeseile zu verderben begann!

DER PAPST ALS SACHERWÜRSTEL

In göttlicher Bescheidenheit fühlte sich Papst Tafelsilber der Glänzende in seinen raren lichten Momenten als durchaus einfaches, armes Würstchen.

Das allerdings unbescheidenerweise davon träumte, ein ***Sacher***würstel zu werden!

DER PAPST ALS ROLLMOPS ODER GÖTTLICHER HUMOR

Um zu bekunden, mit welch einzigartigem, ***göttlichem*** Humor er doch begnadet sei, verwandelte sich Papst Zimtkropf der Ulkige an der festlichen Ostertafel vor erlauchter geistlicher Runde in einen heiligen Rollmops – der sich dann just dem intriganten Erzbischof Gfrettino Gfrastl unter pflichtschuldigem allgemeinem Gekicher zum genießerischen Verzehr antrug.

Vielleicht wäre dem Heiligen Vater sein Beweis ja tatsächlich geglückt – aber da er sein Opfer nicht wieder verließ und ihm bis zum bitteren Ende ganz ***gehörig*** auf den Magen drückte, muss man wohl eher von ***teuflischem*** „Humor“ sprechen ...

DER PAPST ALS SCHMAUCHSPUR

Er sei im Grunde nichts weiter als eine ***Schmauchspur*** gewesen – zwangsläufig entstanden bei der Verbreitung des Unheils in der Welt durch Luzifer unter tatkräftiger Beteiligung der Kirche, bekannte Papst Lavinius der Große etwas kleinlaut und zermürbt seinem engsten Vertrauten, Kardinal Umberto Bisquitto, auf dem Sterbebett.

Nun – hoffentlich sah man dies drüben ebenso …

DIE SELBSTVERSTEINERUNG

Mit Unmut merkte Hofrat Wacholder Kümmelhaar,
dass seine Miene einigermaßen versteinert war.

Da er Halbheiten einfach abscheulich fand –
versteinerte er sich ***gänzlich***, ***ohne*** Rückstand!

DAS FREIWILLIGE GESCHÖPF

Ein freiwilliges Geschöpf ließ sich herab auf die Erde – und weilt noch heute ebenda.

Es liegt daher die Vermutung nahe, dass es neben seinem freien Willen über einen doch recht eingeschränkten ***Verstand*** verfügt.

DAS UNFREIWILLIGE GESCHÖPF

Ein unfreiwilliges Geschöpf haderte lange mit Gott und der Welt, was es hier wohl eigentlich solle – bis es sich endlich der Freiwilligen Feuerwehr anschloss.

Um sich beim heiß ersehnten ersten Einsatz mit Wonne den erlösenden Flammen anzuvertrauen.

DER PAPST ALS PAPPENSTIEL

Die Überwindung des ***Papstes*** auf dem Weg ins Herz der Christenheit sei nun wirklich nicht mehr als ein lächerlicher Pappenstiel, brüstet sich Satan bis heute unter heftigem Applaus im Kreise der Vertrauten.

Doch auch von außerhalb wird ihm ***dies***bezüglich wohl kaum jemand ernsthaft widersprechen.

DER PAPST ALS MUNDHARMONIKA

Als seine „geliebte Mundharmonika“ pries Luzifer stets Papst Amtshirn IV. – weil er so besonders virtuos auf ihm zu spielen vermochte.

Doch weshalb gerade ***jenes*** Instrument?

Weil er eben – speziell beim Betgesang – immer so schön ***blechern*** klang!

DER PAPST ALS SCHLUMMERTRUNK

Bis heute höchst beliebt unter Christen ist die imaginäre Einnahme Seiner Heiligkeit als ***Schlummertrunk*** – durch intensive Besinnung vor dem Zubettegehen.

Aber erstaunlicherweise ***wundern*** sich die meisten dann immer aufs Neue, wenn sie von überaus heftigen ***Alpträumen*** gepeinigt werden …

MIX
Papier aus verantwortungsvollen Quellen
Paper from responsible sources
FSC® C105338

Printed by Books on Demand GmbH, Norderstedt / Germany